folio cadet

Le Petit Nicolas
d'après l'œuvre de René Goscinny
et Jean-Jacques Sempé

Une série animée adaptée pour la télévision par Matthieu Delaporte, Alexandre de la Patellière et Cédric Pilot / Création graphique de Pascal Valdès / Réalisée par Arnaud Bouron D'après l'épisode « Chantal », écrit par Olivier et Hervé Pérouze.
Le Petit Nicolas, les personnages, les aventures et les éléments caractéristiques de l'univers du Petit Nicolas sont une création de René Goscinny et Jean-Jacques Sempé.
Droits de dépôt et d'exploitation de marques liées à l'univers du Petit Nicolas réservés à **IMAV EDITIONS**. Le Petit Nicolas® est une marque verbale et figurative enregistrée.

Adaptation : Emmanuelle Lepetit
Maquette : Clément Chassagnard
Le papier de cet ouvrage est composé de fibres naturelles, renouvelables, recyclables et fabriquées à partir de bois provenant de forêts plantées et cultivées expressément pour la fabrication de la pâte à papier.
Loi n° 49-956 du 16 juillet 1949 sur les publications destinées à la jeunesse
ISBN : 978-2-07-065045-3
N° d'édition : 247423
Dépôt légal : janvier 2013
Imprimé en France par I.M.E.

PEFC
10-31-1093
Certifié PEFC
pefc-france.org

Le Petit Nicolas

Qui veut jouer à la poupée ?

GALLIMARD JEUNESSE

Le Petit Nicolas et ses copains

La maîtresse Le Bouillon

Louisette Marie-Edwige Geoffroy Agnan

1

Cet après-midi, Nicolas joue tout seul dans son jardin quand, soudain, de douces notes de musique viennent lui chatouiller les oreilles.

La musique vient de la maison de sa voisine. Intrigué, Nicolas se glisse sous la haie et s'approche de la baie vitrée. Il jette un coup d'œil : à l'intérieur, Marie-Edwige danse en agitant les bras comme des ailes de papillon.

Charmé, Nicolas recule d'un pas et se prend les pieds dans un râteau, posé contre le mur. PATATRAS ! Le râteau tombe avec fracas.

Alertée, Marie-Edwige accourt et surprend Nicolas :

– Ça alors ! Tu m'espionnes ?

– Euh… non… Enfin, oui…, bredouille Nicolas. En tout cas, je peux te dire que tu danses drôlement bien !

– Je sais ! crâne Marie-Edwige. Mais je t'en prie, entre : le spectacle n'est pas terminé.

Nicolas suit Marie-Edwige jusqu'au salon. La fillette lui désigne une place sur le canapé, entre deux poupées.

– Assieds-toi entre Oscar et Rosalie !

– Hein ? sursaute Nicolas.

Cependant, il obéit, car il a très envie de voir Marie-Edwige danser. Celle-ci pose alors une troisième poupée sur ses genoux en susurrant d'une voix sucrée :

– Oui, Chantal chérie. Papa va te prendre sur ses genoux, comme ça, tu verras mieux le spectacle.

« Je dois vraiment avoir l'air d'un guignol ! Pourvu que les copains ne me voient pas... », pense Nicolas.

Marie-Edwige s'est remise à danser. Nicolas la regarde, émerveillé. Il en oublie la poupée ridicule posée sur ses genoux !

Mais, tout à coup, la fillette s'arrête net et lui jette un regard furieux.

– Tu vois bien que Chantal pleure ! siffle-t-elle. Qu'est-ce que tu attends pour lui changer sa couche ?

– Qui ça ? Moi ? bafouille Nicolas.

– Ben oui, gros bêta. Moi, je ne peux pas le faire, je suis en plein spectacle !

– PAS QUESTION ! se révolte Nicolas.

D'un geste dégoûté, il repousse la poupée tout au bout du canapé.

– Je ne veux pas jouer à la poupée ! proteste Nicolas. Je suis juste venu te regarder danser.

– Justement ! Si tu veux voir le spectacle, tu dois jouer, insiste Marie-Edwige en fourrant à nouveau la poupée dans les bras de Nicolas.

– NON ! se fâche celui-ci.

Et, cette fois, il lance la poupée de toutes ses forces à travers le salon.

– Pauvre Chantal chérie ! s'affole Marie-Edwige, avant de se tourner vers Nicolas, les yeux noirs de colère : Espèce de malotru, sors tout de suite de chez moi ! Allez, ouste !

Nicolas ne sait pas quoi répondre. Il repart donc chez lui, le cœur gros.

Le lendemain, sur le chemin de l'école, Nicolas aperçoit à nouveau la jolie Marie-Edwige. La fillette virevolte sur le trottoir, tenant d'une main son cartable, de l'autre sa poupée. Soudain, son regard se pose sur Nicolas et elle arrête aussitôt de danser.

– Tu m'en veux encore pour hier ? lui demande Nicolas.

– Oui, tu t'es conduit comme un sauvage ! s'écrie la fillette.

– Excuse-moi, grommelle Nicolas.

– Tu promets d'être gentil avec Chantal maintenant ? insiste Marie-Edwige.

– Promis.

– Alors, pour la peine, tu vas la garder avec toi toute la journée.

– QUOI ? bondit Nicolas. C'est une blague ?

– Pas du tout : c'est un défi. Si tu le réussis, tu auras le droit de me regarder danser quand tu veux !

Nicolas hésite... Mais l'envie de voir danser sa jolie voisine est la plus forte.

– Entendu, dit-il en saisissant la poupée.

Au même instant, qui voit-il arriver sur le trottoir ? Alceste et Clotaire ! Nicolas a juste le temps de cacher la poupée derrière son dos.

– Tu viens, Nicolas ? On va faire un foot dans la cour ! lui lance Clotaire.

– Oui, oui, j'arrive tout de suite, bredouille Nicolas.

Marie-Edwige glousse et se penche pour embrasser sa poupée :

– Je te laisse avec ton papa, Chantal. Sois bien sage...

Et la voilà partie. Nicolas reste tout seul avec la poupée, l'air bien embêté !

Comment faire ? Si ses copains voient Nicolas avec cette poupée ridicule dans les bras, ils risquent de se moquer de lui.

Il tente de cacher Chantal dans son cartable, quand Eudes l'interpelle :

– Hé, Nicolas ! Tu me prêtes ton cartable ? J'en ai besoin pour faire les buts du terrain de foot.

– Pourquoi tu ne prends pas plutôt celui d'Alceste ? demande Nicolas.

– T'es pas un peu fou dans ta tête ? proteste Alceste. Il y a tous mes goûters dans mon cartable !

Rufus et Clotaire s'en mêlent, et voilà qu'une bagarre éclate. Nicolas en profite pour aller cacher Chantal sous le banc du préau.

Entre-temps, la cloche de l'école a retenti. Les garçons rentrent en classe.

C'est alors que le Bouillon, resté seul dans la cour, remarque une drôle de chose bleue avec des cheveux blonds, qui traîne sous le banc du préau...

Quelques minutes plus tard, il surgit dans la classe de Nicolas, la poupée à la main.

– Qui a oublié ça dans la cour ?

– On se demande qui joue à la poupée, ici ! se moque Eudes.

Tout le monde rigole… sauf Nicolas.

– Mais je la reconnais, dit Geoffroy. C'est Chantal, la poupée de Marie-Edwige !

– Exact, constate le Bouillon. C'est écrit dessus.

– Si vous voulez, je peux la lui rendre, propose Geoffroy.

Nicolas fait la grimace. Les choses se compliquent !

En sortant de la classe, Nicolas rattrape Geoffroy :

– Dis, tu peux me laisser rapporter sa poupée à Marie-Edwige ?

– Non, môssieur, répond Geoffroy. C'est moi qui l'ai retrouvée, alors c'est moi qui vais la lui rendre !

– Donne-la-moi ! s'impatiente Nicolas.

Il saisit un bras de la poupée et tire. Geoffroy ne lâche pas prise et tire, lui aussi. CRAC ! La manche de la poupée se déchire.

– Bah… finalement, puisque tu insistes, je te la laisse, dit Geoffroy en prenant ses jambes à son cou.

Nicolas est catastrophé ! Jamais Marie-Edwige ne lui pardonnera s'il lui rend sa poupée toute déchirée. Il faut recoudre sa manche !

Vite, il rentre à la maison en courant à toute allure.

– MAMAN, MAMAN ! crie-t-il en poussant la porte.

Mais c'est la voix de son papa qui lui répond :

– Du calme, Nicolas ! Ta mère n'est pas là : elle est partie chez une amie.

Nicolas se plante devant son père, qui est en train de lire son journal dans le fauteuil du salon.

– Papa, il faut que tu m'aides à recoudre cette manche !

– Ça alors ! Tu joues à la poupée maintenant ?

– Non, c'est celle de Marie-Edwige. Elle sera très fâchée si je ne la répare pas…

– Eh bien, ta mère s'en occupera à son retour, bougonne son père, en se replongeant tranquillement dans son journal.

– Non, c'est pressé, je ne peux pas attendre ! pleurniche Nicolas.

– Mais je ne sais pas coudre, moi ! râle son papa.

– Pourtant, c'est facile avec la machine à coudre...

Une minute plus tard, le papa de Nicolas est installé devant la machine à coudre. Nicolas, lui, regarde par la fenêtre. Et, soudain, qui voit-il pousser le portail du jardin ? Marie-Edwige !

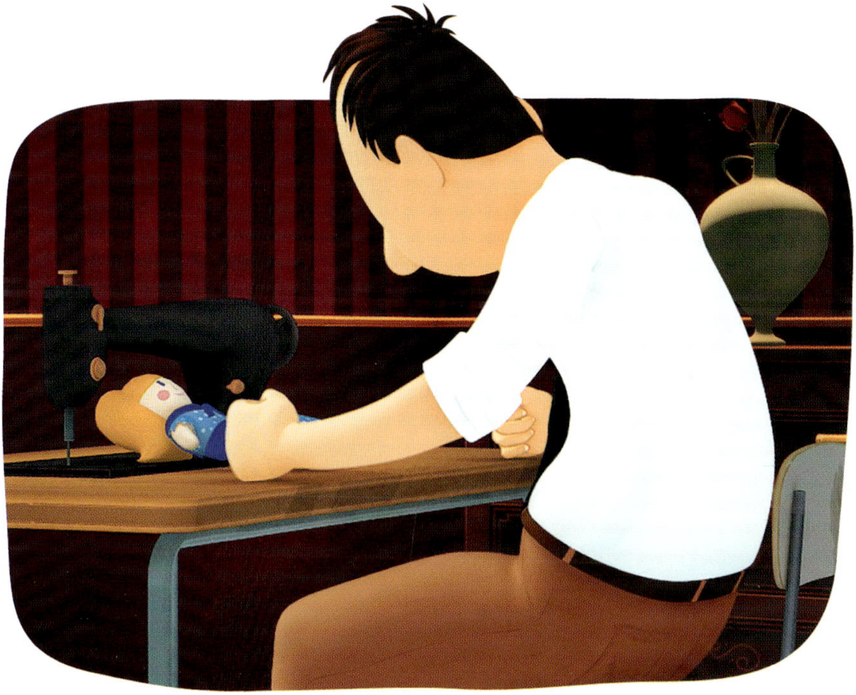

Nicolas va ouvrir la porte à sa voisine. Il lui faut absolument gagner du temps.

– Tiens, Marie-Edwige ! Quel bon vent t'amène ?

– Je viens chercher Chantal, pardi ! Il est l'heure, répond la fillette.

– Euh... je peux la garder pour le dîner, tu sais, annonce Nicolas. Je suis sûr que ma fille aimera beaucoup ma cuisine.

Marie-Edwige s'impatiente :

– Je ne veux plus jouer. Rends-moi ma poupée !

– C'est que..., bafouille Nicolas. Elle est en train de faire ses devoirs !

– RENDS-LA-MOI TOUT DE SUITE !

– Rentre chez toi et je te la ramène, dit Nicolas en refermant la porte.

Mais Marie-Edwige bloque la porte avec son pied.

– Je sens que tu me caches quelque chose ! dit-elle en s'engouffrant à l'intérieur.

– NON, ATTENDS ! hurle Nicolas. Je vais tout t'expliquer.

Marie-Edwige pénètre dans le salon, et là... surprise ! Assis devant la table basse, le papa de Nicolas est en train de jouer à la dînette avec la poupée, dont la manche est recousue.

– Regarde qui est là, Chantal ! C'est Maman ! gazouille-t-il.

Nicolas contemple son père, stupéfait, puis il dit à sa voisine :

– Tu vois, fallait pas t'inquiéter !

– Oui, pardon... J'avais cru que...

La fillette récupère sa poupée et la serre entre ses bras. Puis elle fait un grand sourire à Nicolas et lui dit :

– Si tu veux, tu peux venir assister à mon nouveau spectacle de danse.

– Oh, oui ! ce serait chouette !

Discrètement, Nicolas se tourne vers son père et lui fait un clin d'œil.

Marie-Edwige s'apprête à partir mais elle se retourne et glisse à Nicolas :

– Dis donc, ton père, il n'est pas un peu vieux pour jouer à la poupée ?

je lis tout seul

Pour les jeunes apprentis lecteurs
Niveau 2

n° 1 *La photo de classe*

n° 2 *Même pas peur !*

n° 3 *Les filles, c'est drôlement compliqué !*

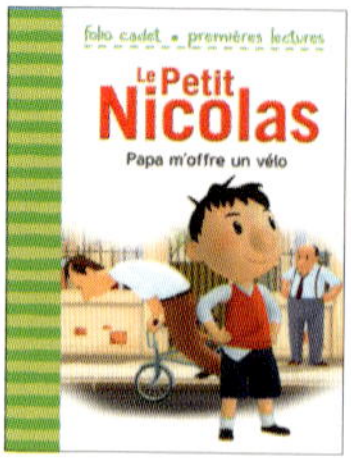

n° 4 *Papa m'offre un vé*

n° 5 *Le scoop*

n° 6 *Prêt pour la bagarre*

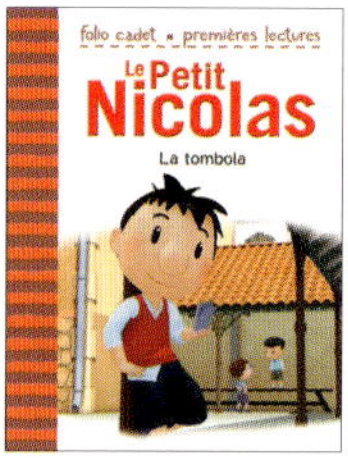

n° 7 *La tombola*

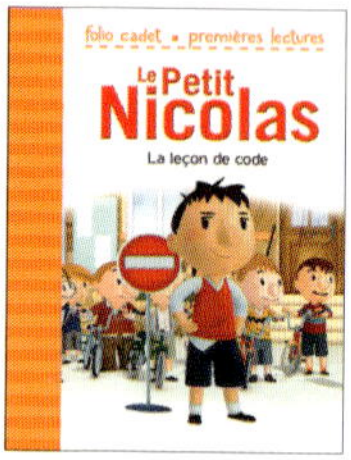

n° 8 *La leçon de code*

n° 9 *Le chouchou a la poisse*

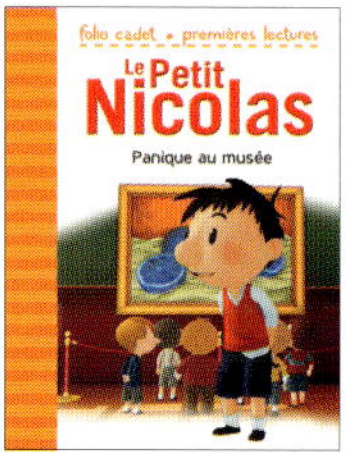

n° 10 *Panique au musée*

n° 12 *La bande des pirates*